STÄLL EN FRÅGA TILL BOKEN

HAN SVARAR DIG...

Den här boken, som svarar på alla dina frågor, är din guide till uppvaknande till andlighet.

Det låter dig låta din intuition vägleda dig till de svar som är avsedda för dig.

Ställ din fråga med låg röst och tänk efter en stund samtidigt som du lägger handen på boken.

Bläddra igenom sidorna utan att leta några sekunder och sluta när din instinkt säger att ditt svar finns där.

Liksom alla spådomskonster kräver denna bok övning och reflektion.

Vi önskar dig en god resa i det okändas mysterier.

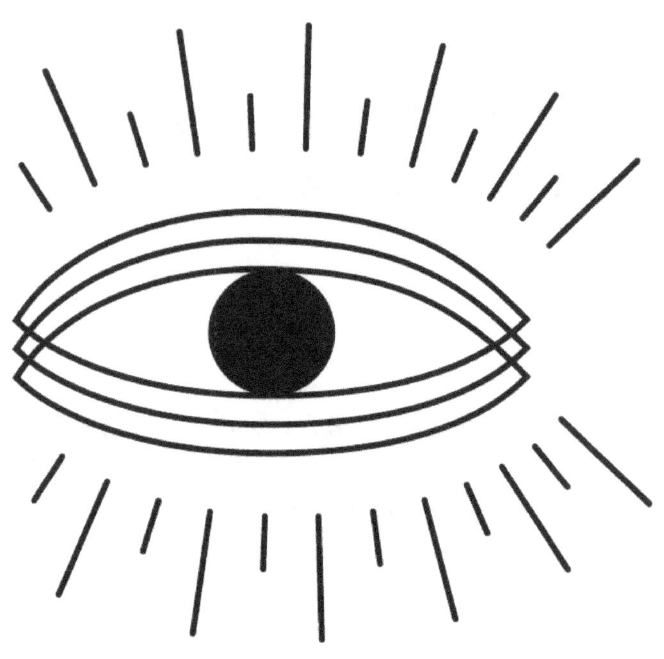

Du vet sanningen innerst inne. Acceptera för att se vad du döljer.

Säkert.

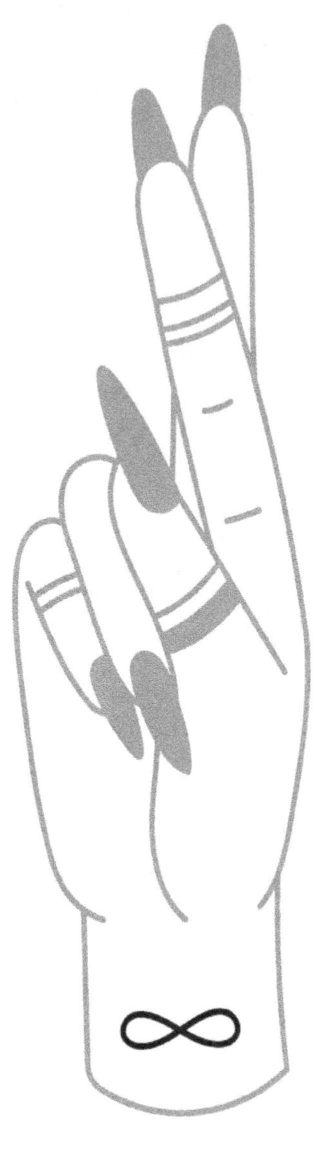

Aldrig.

Du kommer snart att hitta glada dagar igen. För efter regnet kommer det fina vädret.

Vid första

anblicken, nej.

Den här

gången

kommer att bli

bra.

Gaia och stjärnornas kraft väntar på mer relevanta frågor.

Boken är säker!

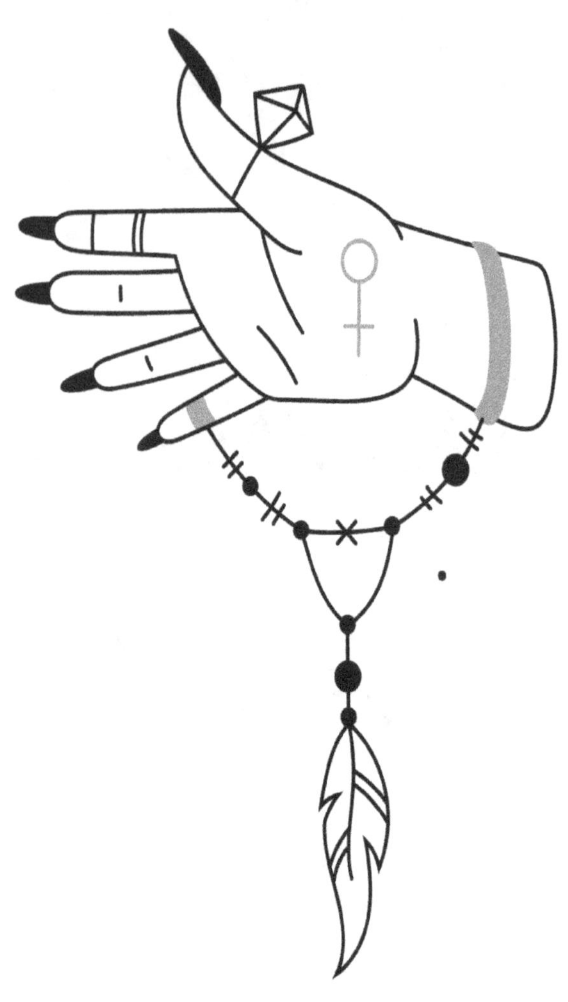

Den största styrkan är inte i konflikt. Lägg detta ämne åt sidan.

Jag har ingen

åsikt om det.

Det är möjligt.

Inget är

omöjligt.

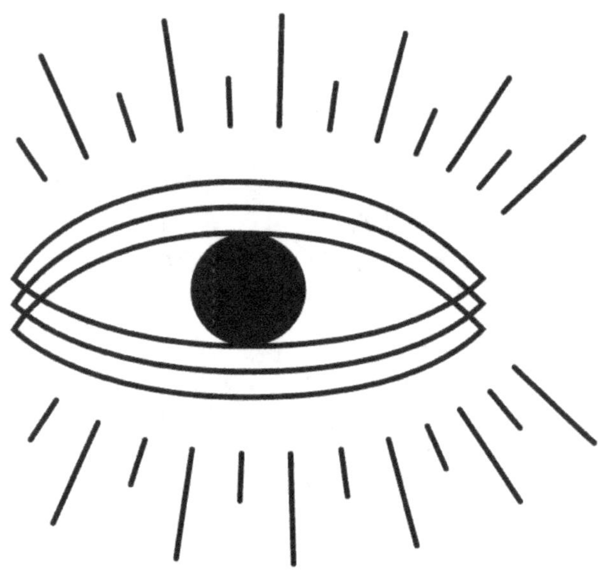

Framgång

väntar dig.

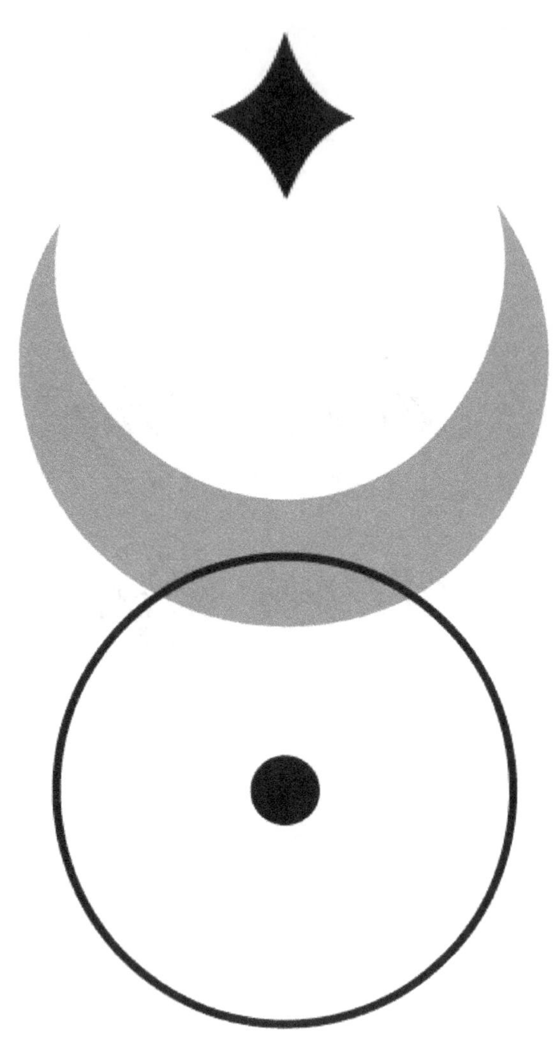

En tid för allt.

Det första

steget är att

hitta dig själv.

Detta initiativ kommer att visa sig fördelaktigt.

En ond ande kan
gömma sig bakom
utseendet på en ädel
person.
Var på din vakt och
lita på dina instinkter.

Ja, det är

skrivet.

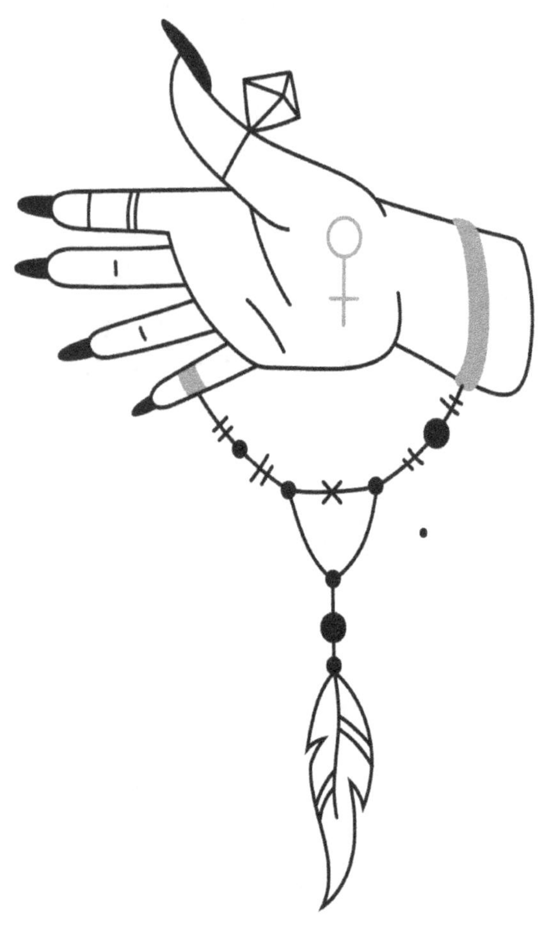

Säker.

Nästan.

Absolut.

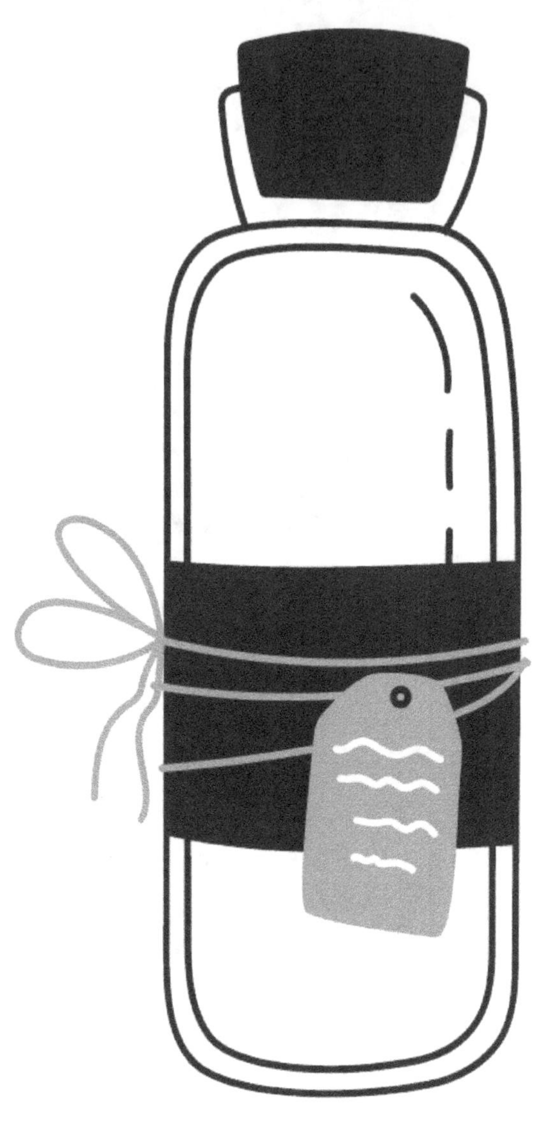

Kärlek är den största medicinen och den kan inte köpas.

Det kommer

att bli svårare

än du föreställer

dig.

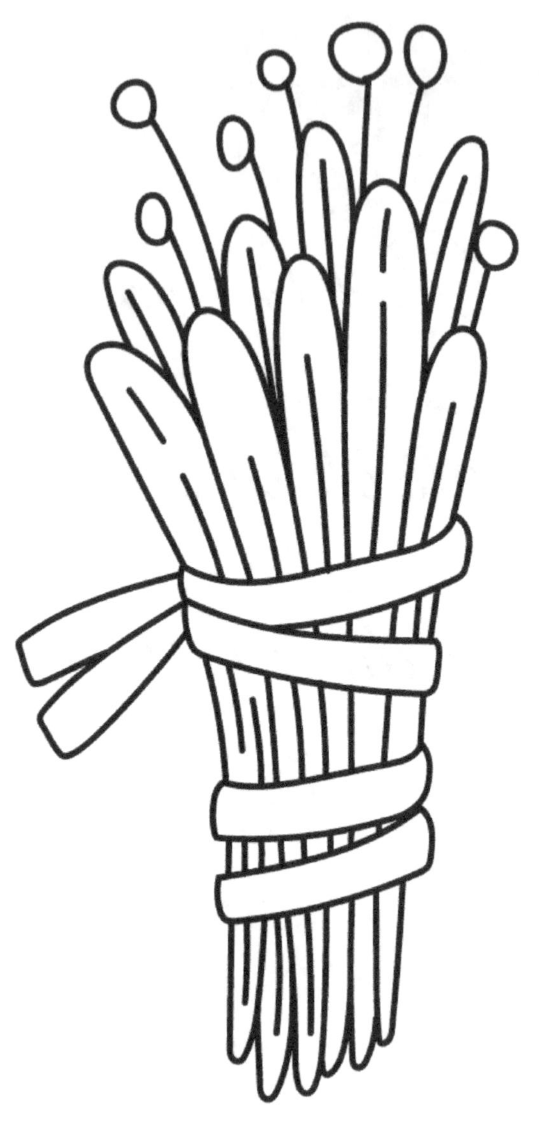

Fördubbla

dina

ansträngninga

r för det du vill

uppnå.

Enligt

justeringen av

Merkurius och

Månen, ja.

Du har den nödvändiga styrkan inom dig. Ingen kommer att stoppa dig.

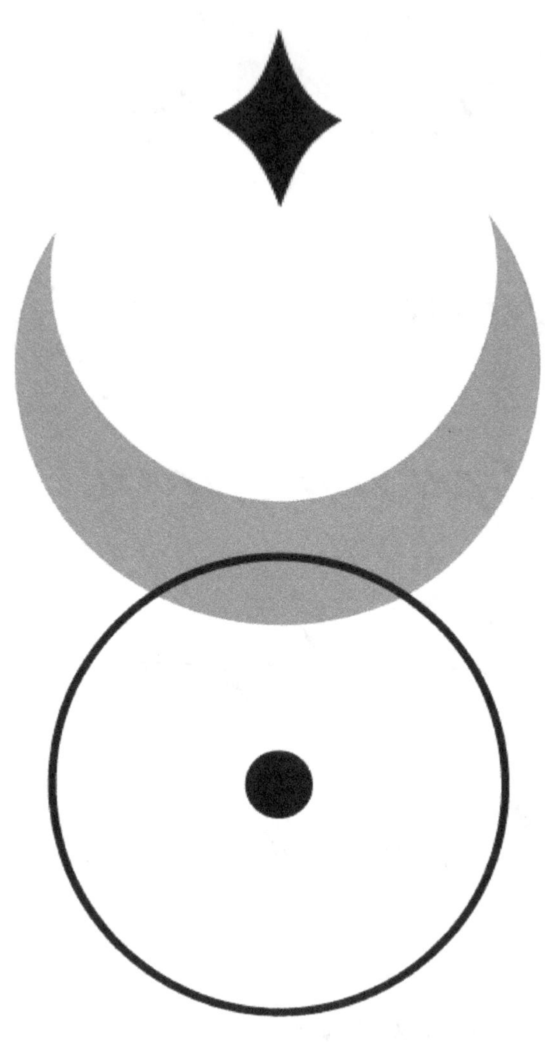

Utan tvekan !

Om allt går

som planerat,

har du en

chans!

Omformulera

din fråga.

Lite mer fokus. Det är vad du behöver.

Säker.

Ja,

inriktningen av

Merkurius och

solen skyddar

dig på denna

väg.

Det finns svar som är bättre att inte höra.

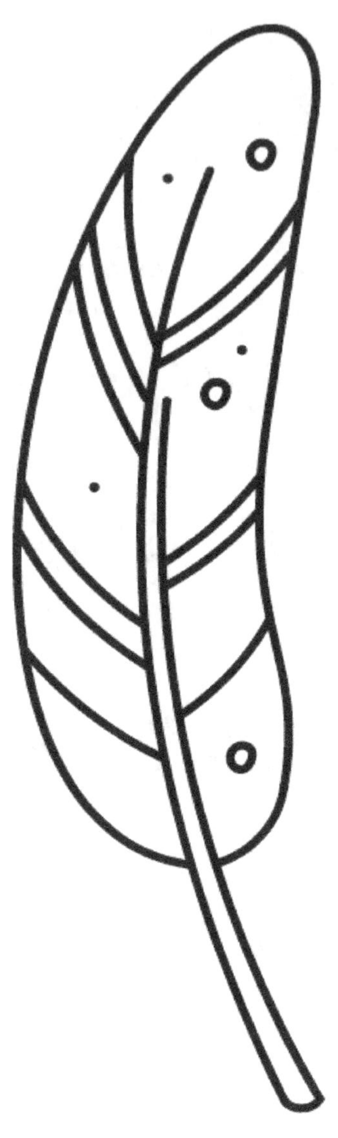

Sanningar,

även de hårdaste,

är lättare att höra

när de talas

försiktigt.

Inte inom en snar framtid.

Det du inte

förstår är inte

utan intresse.

Du kan inte göra något för att förhindra det som måste hända.

Definitivt.

Helt klart!

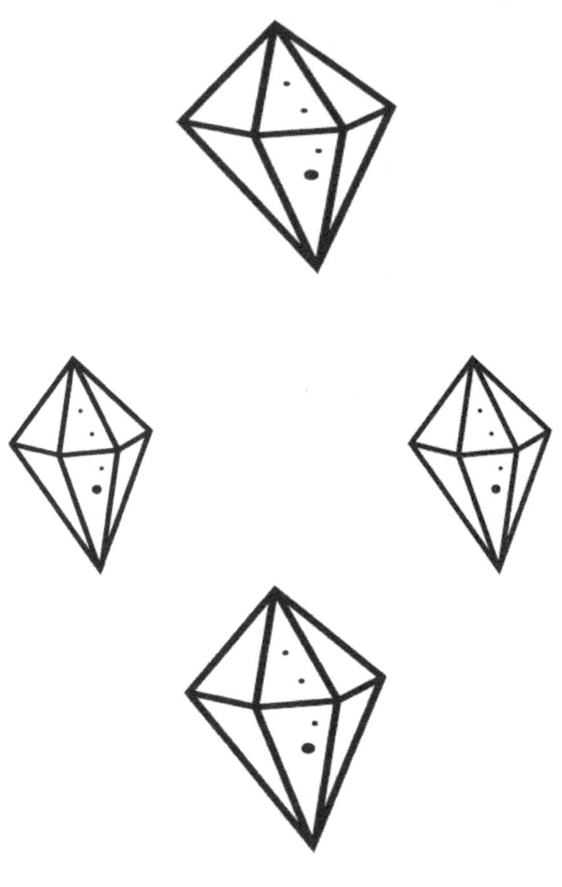

Vissa sanningar är inte universella. Ta dig tid att ta andras perspektiv.

Det finns en början till alla stora saker. Du är på rätt väg.

Botemedlet är

värre än

sjukdomen.

Gör inte det.

Ja!!

Tur gynnar de modiga. Stjärnorna är inriktade till din fördel.

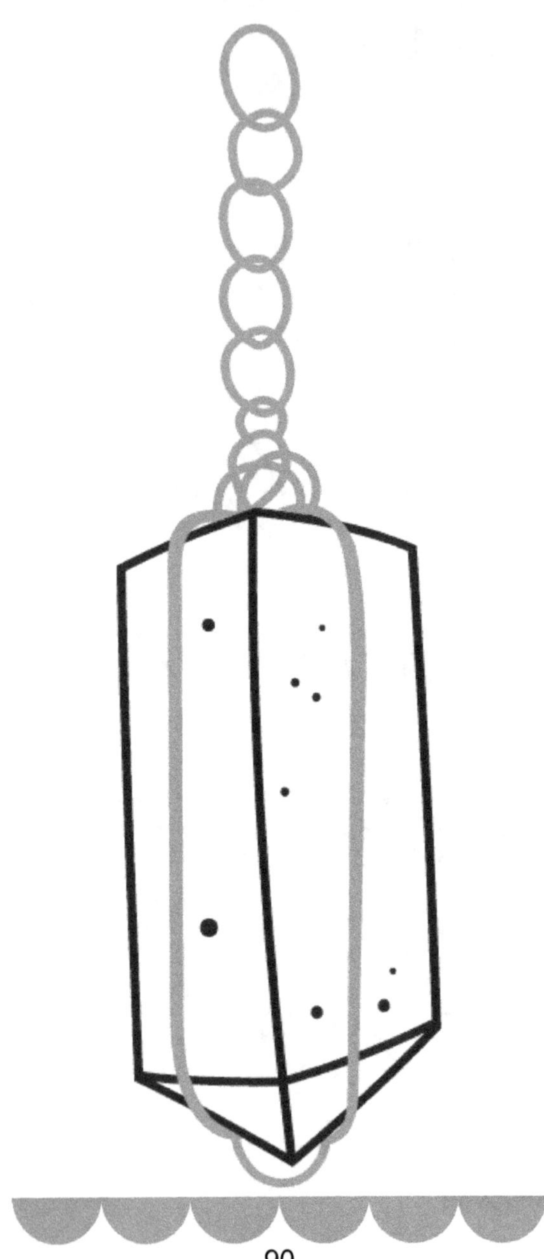

Det beror inte bara på dig.

Din begäran

är omöjlig.

Din önskan är

tillgänglig.

Men var mer

ambitiös i

framtiden.

En dag ja,

men inte idag.

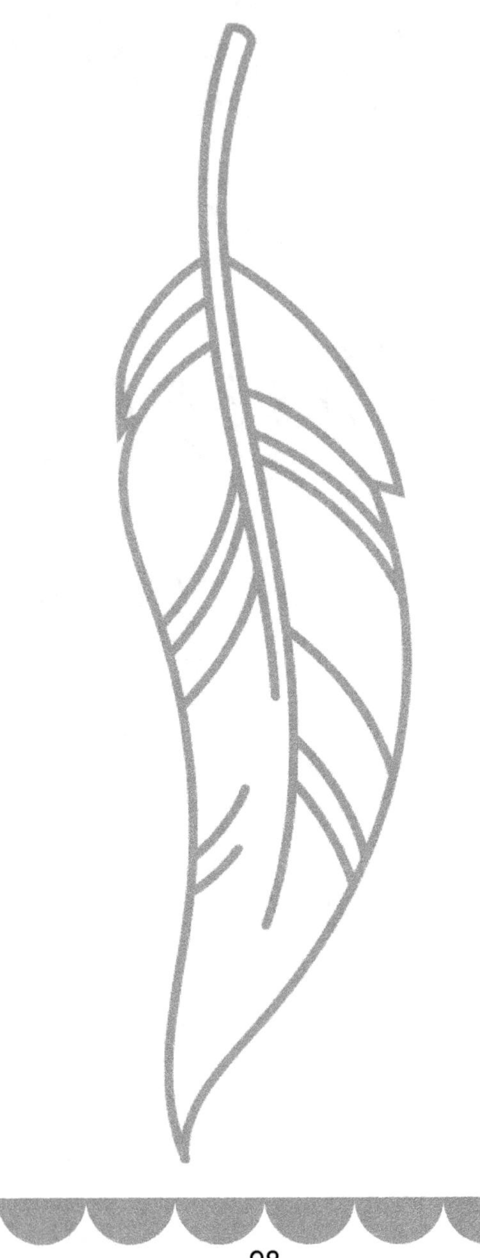

Ja. Jupiter i harmonisk aspekt kommer att ha en mycket fördelaktig inverkan på din begäran.

Ja!

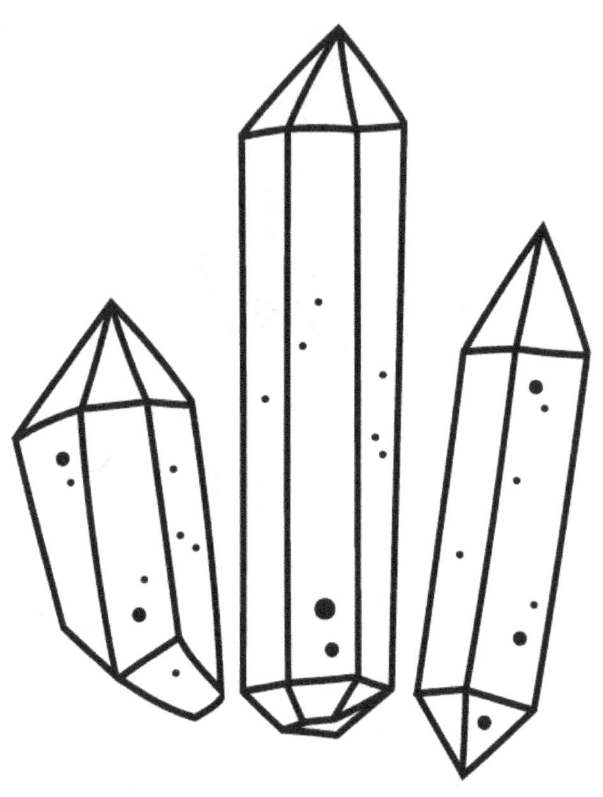

Behålla hopp.

Fokusera på ett annat ämne.

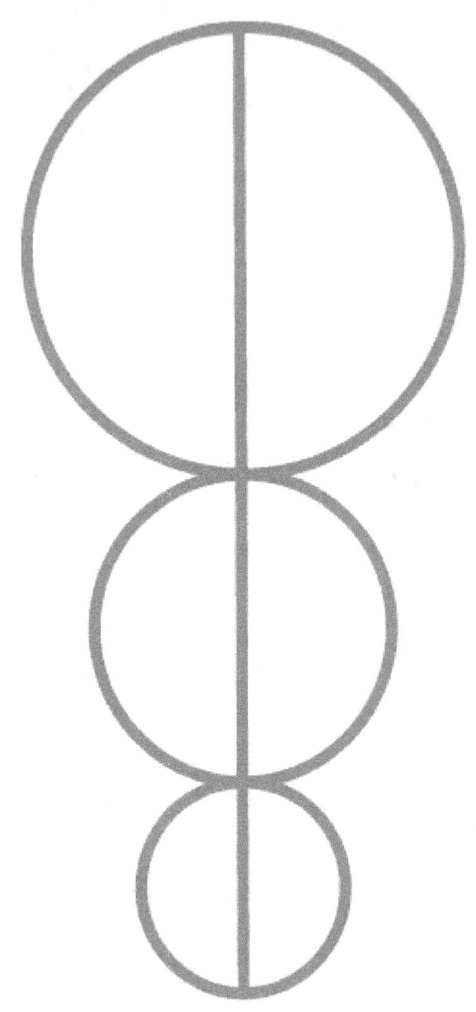

Ja. Ditt utmärkta initiativ kommer att krönas med framgång..

Aldrig.

Möjlig.

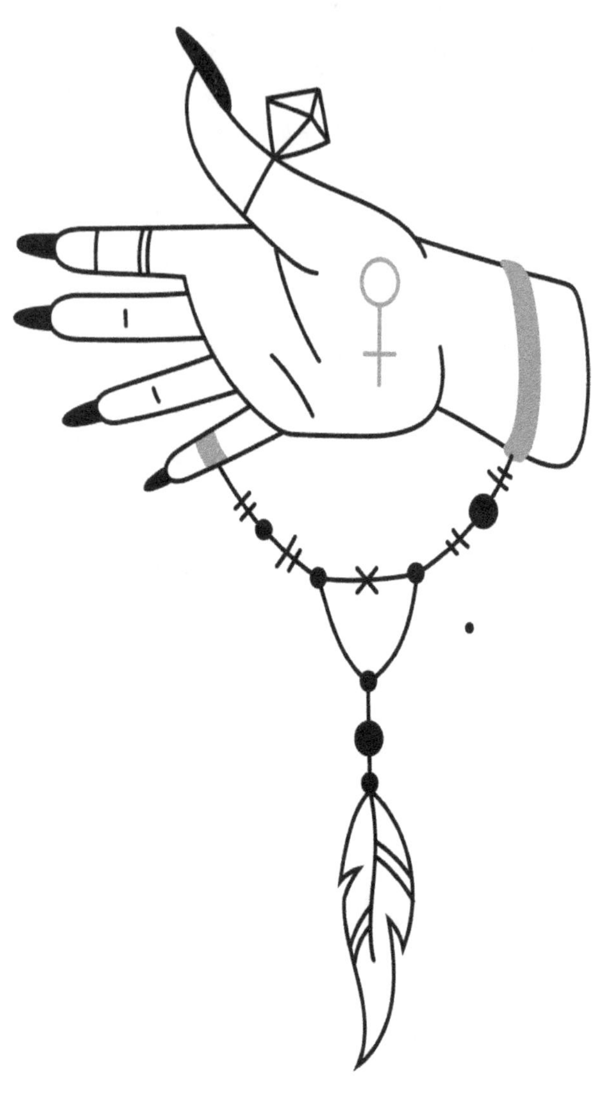

Ja, men du

måste fördubbla

dina

ansträngningar.

Jag har ingen åsikt om det.

Det är möjligt !

Inget är omöjligt. Du har alla nödvändiga resurser.

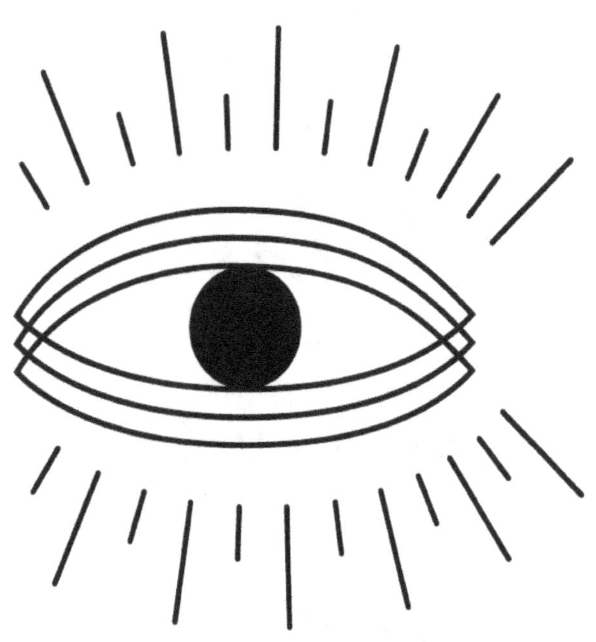

Aldrig.

Prova något annat.

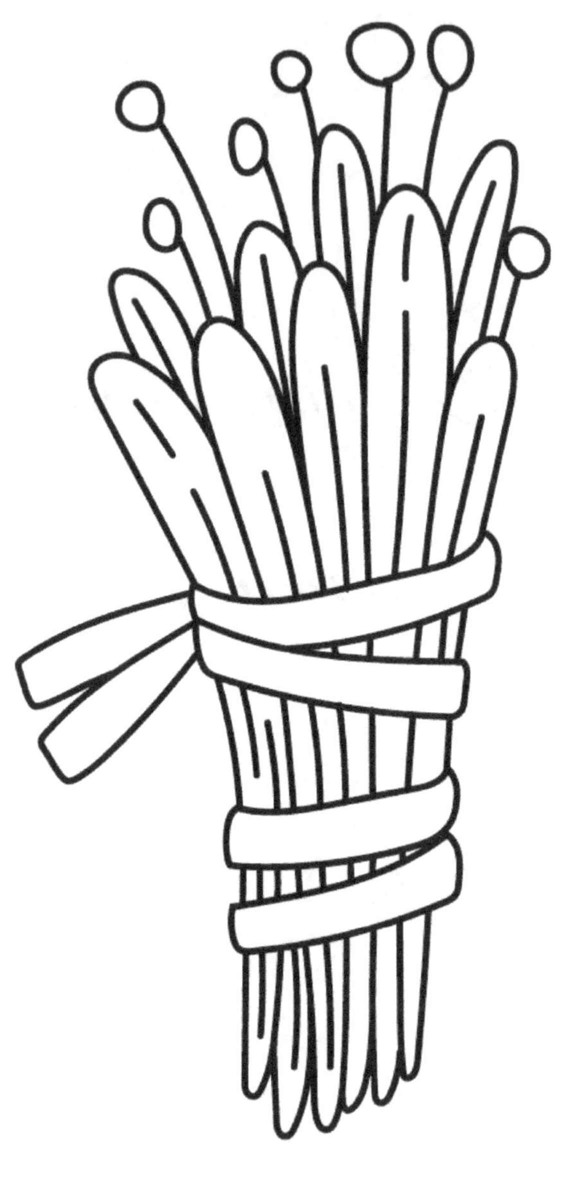

Fördubbla

dina

ansträngninga

r för det du vill

uppnå.

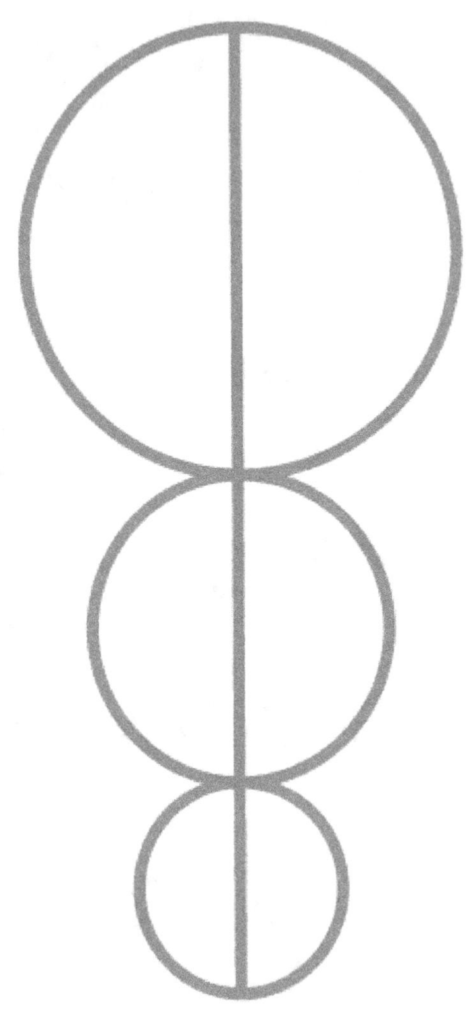

Jag tror att det

är det

möjligt!

Du måste fortfarande ha tålamod. Men det kommer att hända.

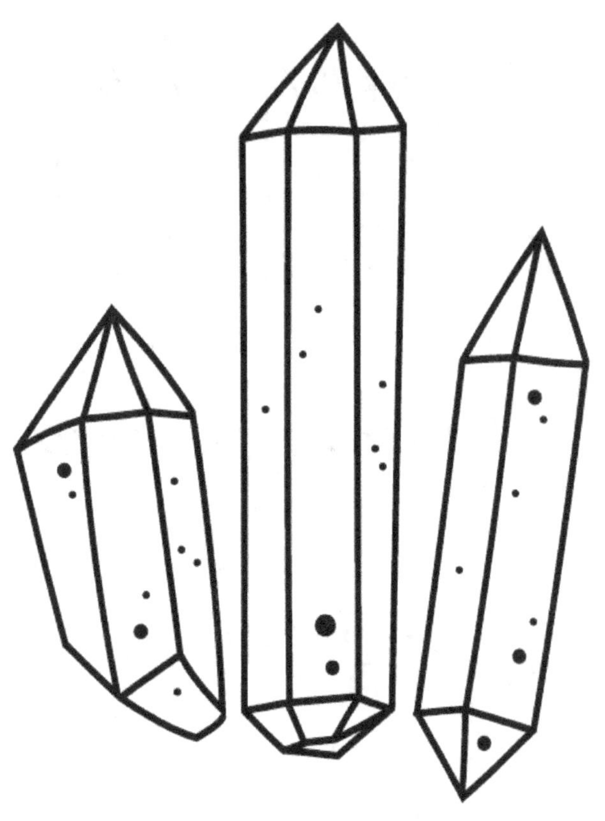

Du är på rätt väg. Ditt initiativ kommer att krönas med framgång.

Jag är

pessimistisk i

detta ämne.

Säker. Gaia

kommer att

släppa lös alla

element för din

önskan.

Nej.

Ja.

Det är tänkbart.

Din begäran kan

gå i uppfyllelse tack

vare din

sinnesnärvaro och

din harmoni med

den här boken.

Jag har ingen åsikt om det.

Ja. Försöken kommer att vara närvarande men din beslutsamhet kommer att göra skillnaden.

Inget är

omöjligt.

Inte den här gången.

Fråga boken igen imorgon.

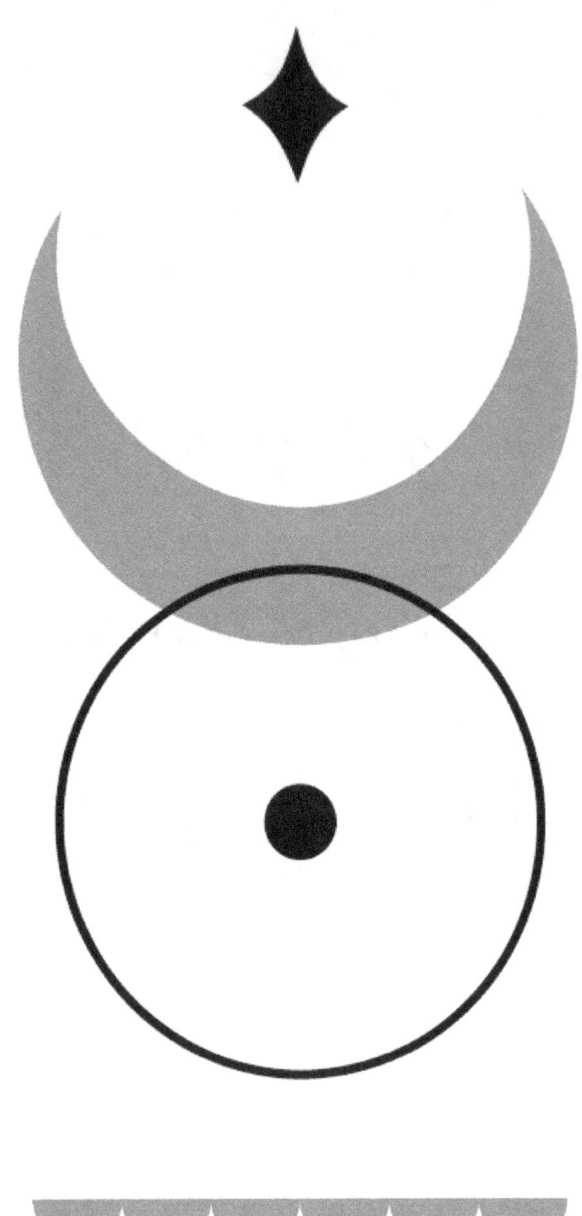

Aldrig.

Ja helt och hållet! Mars anpassning till Merkurius ger en skyddande himmel i denna strävan.

Ja, det är skrivet.

Säker.

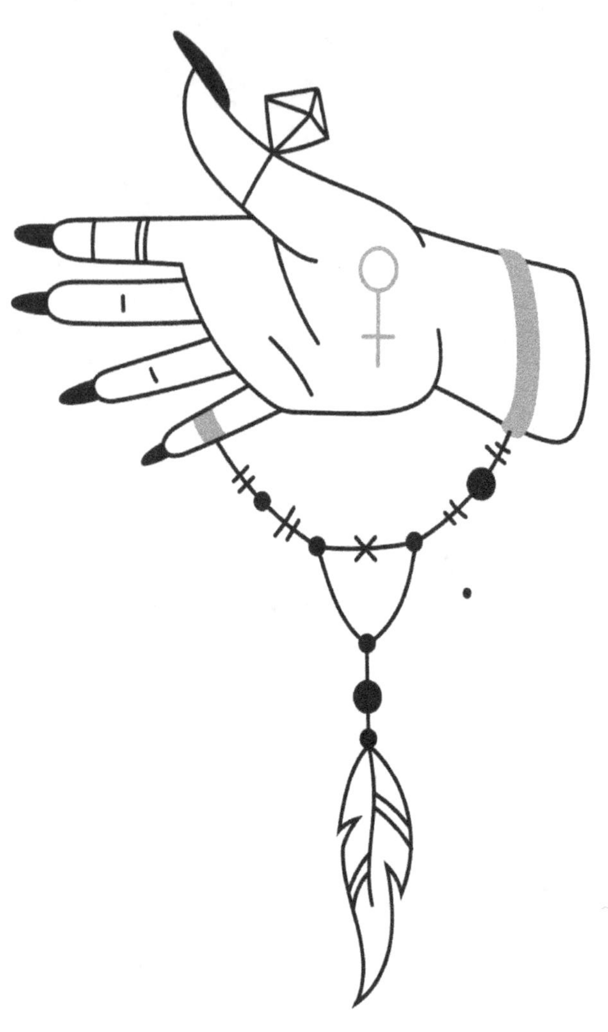

Nästan.

Absolut..

Behålla hopp !

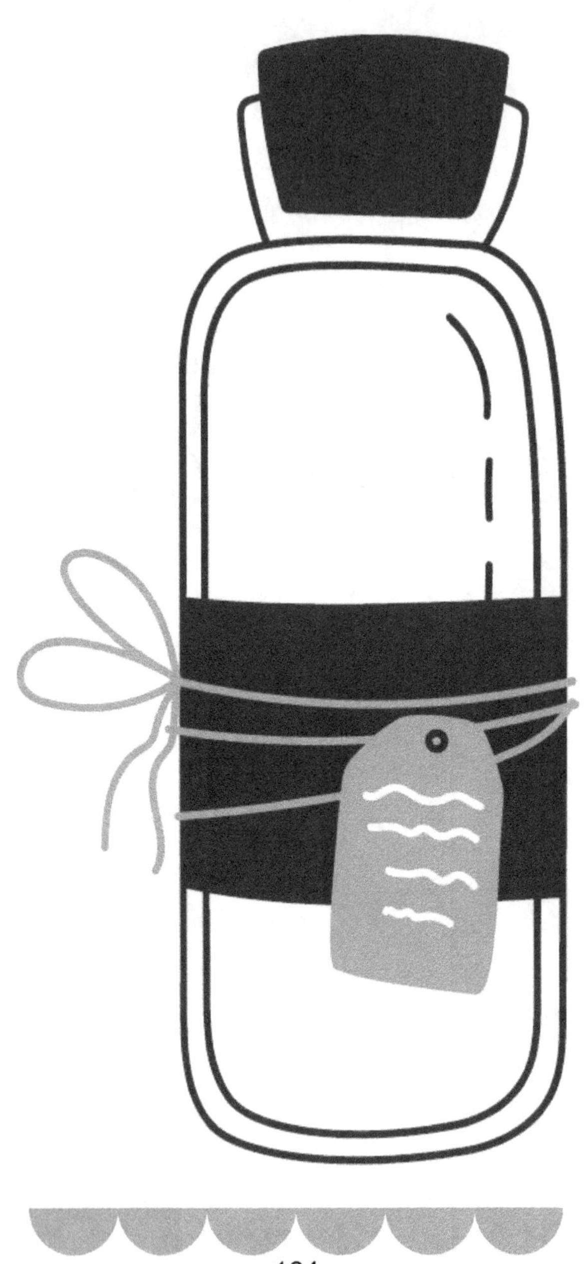

Ja. Men du måste vara modig.

Fördubbla dina ansträngningar för det du vill uppnå. Endast din beslutsamhet kommer att göra skillnaden.

Absolut inte.

Denna väg är

inte den rätta.

Ja. Din lycka är förutspådd

Det finns

chanser.

www.ingramcontent.com/pod-product-compliance
Lightning Source LLC
LaVergne TN
LVHW010103170826
845678LV00012B/2231

9798847520492